Henri VENDEL

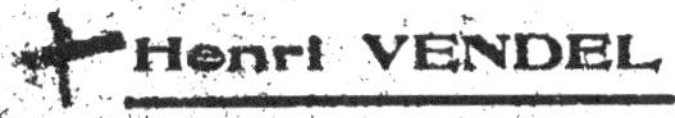

LE BEAU PASSÉ DE CHALONS

Artistes Châlonnais de Jadis et de Naguère

AVEC UNE PRÉFACE DE GEORGES DAILLY

Prix : 1 Fr. 50

CHALONS-SUR-MARNE
IMPRIMERIE-LIBRAIRIE DE L'UNION RÉPUBLICAINE
23-25-27, Rue d'Orfeuil

1928

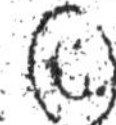

LE BEAU PASSÉ DE CHALONS

Artistes Châlonnais de Jadis et de Naguère

AVEC UNE PRÉFACE DE GEORGES DAILLY

Prix : 1 Fr. 50

CHALONS-SUR-MARNE
IMPRIMERIE-LIBRAIRIE DE L'UNION RÉPUBLICAINE
23-25-27, Rue d'Orfeuil

1928

REMERCIEMENT

Une préface ? A quoi bon ? La signature « Henri Vendel » suffit. Quand des pages portent cette griffe... aimable, elles attirent naturellement le lecteur, certain d'un plaisir de choix.

Par profession, M. Henri Vendel vit parmi les livres, amis fidèles : il explore archives et documents, y faisant de précieuses découvertes dont il veut, en son altruisme, que tout le monde ait profit. Il n'est satisfait que s'il a distribué ses moissons en d'attrayantes conférences auxquelles on se plaît toujours, car c'est une récréation délicieuse d'apprendre par lui le vieux temps.

Chercheur savant et prudent, curieux des gens et des choses d'autrefois qu'il a le talent de faire revivre en de pittoresques descriptions, M. Henri Vendel est aussi un artiste qui demande son pouvoir de séduction à la simplicité, à la clarté et à l'élégance de France. S'il s'intéresse passionnément au passé, il se garde de toute indifférence, de tout dédain pour le présent et l'avenir : il éclaire ceux-ci par celui-là. Il excelle d'ailleurs à dépouiller l'érudition de tout ce qu'elle peut avoir de rébarbatif : il lui donne même le sourire. La finesse de son esprit et le tour original de son ironie font ce miracle.

On sera sous le charme d'un tel miracle en lisant les ARTISTES CHALONNAIS DE JADIS ET DE NAGUÈRE, *conférence que M. Henri Vendel a faite, à la Bibliothèque municipale, devant un auditoire étonné et ravi, et qui méritait d'être conservée autant pour sa valeur propre que pour la leçon qu'elle donne avec bonne grâce aux oublieux.*

Mais oui, l'auditoire fut étonné et ravi d'apprendre la richesse de la cité châlonnaise en artistes « de jadis et de naguère » dont le nom et les œuvres sont connus et estimés : peintres, graveurs, statuaires, miniaturistes, qu'une ville peut être justement fière de compter parmi ses enfants.

La conférence de M. Henri Vendel fut, pour beaucoup de nos concitoyens, révélatrice. Elle détruit la malveillante légende qui a représenté Châlons comme une ville quelconque, inerte, banale, sans éclat. Elle crie aux Châlonnais leur devoir d'être orgueilleux de leur petite patrie qui, dans la suite des siècles, n'a cessé d'apporter, autant et plus que d'autres, sa belle contribution au passé glorieux et brillant de notre France.

Une préface, une recommandation pour ces pages intéressantes, affectueuses, que l'on va lire et que l'on relira ? Non ! mais un grand remerciement à celui qui les a écrites avec une piété presque filiale et qui ne se lasse pas de justifier le droit de Cité qu'on lui a depuis longtemps accordé parmi nous.

Châlons, décembre 1927.

Georges DAILLY.

ARTISTES CHALONNAIS

DE JADIS & DE NAGUÈRE

MESDAMES, MESDEMOISELLES, MESSIEURS,

Vous habitez une ville très hospitalière, je vous en félicite, je vous en loue et je vous en remercie, puisqu'aussi bien je suis votre hôte, n'étant châlonnais que de cœur.

L'hospitalité est une très noble et très ancienne vertu et vous n'avez certainement pas oublié les éloges que depuis Homère tant de poètes lui adressèrent, mais vous savez que l'on peut pécher par excès de vertu. Et je crains bien que ce ne soit là votre péché.

Voilà quelques jours, un de mes amis parisiens me demandait : « Quelle opinion avez-vous des Châlonnais ? — Ils sont charmants », répondis-je, car j'ai le plus grand souci de la vérité. Mon ami continua : « Quels défauts ont-ils ? — Ils n'en ont pas », déclarai-je. Mais là mon ami protesta : « Voyons, ne dites donc pas de choses absurdes. Vous savez bien qu'il n'y a pas de gens sans défaut. Et d'ailleurs, s'il existait une ville qui ne soit composée que de cette catégorie de personnes, elle serait pour vous inhabitable. Or, vous vous êtes assez bien adapté à Châlons ». Devant cet argument sans réplique, il me fallut concéder : « Oui, les Châlonnais ont un défaut, un défaut très grave par le temps qui court : ils ne savent pas rendre justice aux leurs. »

Voulez-vous me permettre, Mesdames, Mesdemoiselles et

Messieurs, de vous administrer la preuve de cette accusation portée contre vous ?

Imaginez un Anglais qui arrive à Châlons par le train de 8 heures 59. Comme le train part, il s'aperçoit qu'il a oublié son Baedeker en wagon. Trop tard pour le reprendre ! Navré, il s'adresse au premier libraire qu'il rencontre (n'entendez pas : au premier libraire venu). Il demande un guide de Châlons. On lui répond ce que l'on répond à tous les touristes depuis tant d'années : « Il n'y en a pas ».

Notre Anglais est de plus en plus navré. Il voulait non seulement visiter les monuments de votre ville, mais encore s'initier un peu à son histoire. En insulaire pratique, il ne s'abandonne pas toutefois au désespoir. Il se dit : « J'ai de bons yeux. Ils me renseigneront. Châlons a certainement, comme toute bonne ville, la fierté de ses enfants. Je vais lire, sur les plaques des rues, les noms des plus illustres. » Et le voilà parti.

Accompagnons-le, voulez-vous ? Il entre en ville par la rue Jean-Jaurès (né à Castres). Attiré par le voisinage du Jard, il suit le boulevard Victor-Hugo (né à Besançon), salue la place de la République (née un peu partout), hésite entre la rue Thiers (né à Marseille), la rue Gambetta (né à Cahors), et la rue Carnot (né à Limoges), finit par s'engager dans la rue Pasteur (né à Dôle), longe la rue St-Jean (né Dieu sait où), suit le boulevard Emile Zola (né à Paris), et par le boulevard Anatole France (né à Paris), gagne la rue Léon Bourgeois. Si cet illustre homme d'État est, lui aussi, né à Paris, je n'ai pas besoin de vous rappeler par quelles preuves d'attachement et de dévouement il mérita le titre de citoyen de Châlons.

Il n'en reste pas moins vrai que notre touriste a pu faire son tour de ville, parcourir nos principales rues, sans rencontrer sur une de leurs plaques le nom d'un personnage né à Châlons.

Sera-t-il plus heureux avec les statues ? Il verra, place de l'Ecole des Arts, le médaillon de Larochefoucauld-Liancourt (né à Paris), face à la Préfecture, le buste du préfet de Jessaint (né à Jessaint, Aube), et devant l'Hôtel de Ville, le buste de Carnot (deux fois nommé et auquel il convient d'accorder un accessit pour le square où les poilus marchent d'un pas si résolu... vers l'Hôpital).

Hélas ! le sort a voulu que notre Anglais fût précisément celui qui, débarqué à Calais et voyant une femme rousse, en conclut que toutes les Françaises étaient rousses. Il entre dans un hôtel et il écrit à sa femme. — Voici la traduction de cette lettre :

« Ma chère amie, Châlons est une ville délicieuse. Toutes les femmes y sont jolies et tous les hommes aimables. Je ne puis vous dire si les rues sont propres et bien pavées, car j'ai marché toujours les yeux levés, en quête des plaques indicatrices. J'ai vu toutefois des monuments admirables et des paysages ravissants. Bref, Châlons me plaît tellement que j'ai décidé d'y fixer ma résidence lorsque mes oreilles craindront le bruit et que vous aurez renoncé à enfanter. Il ne faut pas, en effet, que nos enfants naissent à Châlons. Vous savez comme je désire qu'ils soient illustres. Or quelque mauvaise fée a sans doute décidé qu'à Châlons il ne naîtrait jamais d'enfant voué à la célébrité. Non, il n'y a pas de Châlonnais célèbre. S'il y en avait un, j'aurais certainement lu son nom sur une plaque de rue.

« Je vous baise les mains, ma chère amie, et prends le train pour Nancy. Ecrivez-moi à Barcelone. »

Eh bien ! non, Mesdames, tranquillisez-vous. Vos enfants peuvent devenir illustres, car il y a déjà eu des Châlonnais célèbres. On en compte aussi bien dans le monde des lettres que dans celui des sciences. Permettez-moi ce soir, me bornant aux artistes, de saluer avec vous quelques noms, dont plusieurs sont glorieux, et qui méritent tous de ne pas demeurer inconnus à Châlons.

AU XVIe SIÈCLE

Simon, de Châlons en Champagne

Le premier en date des artistes dont je vous parlerai est un peintre qui devait connaître le péché mignon de ses compatriotes, car, sûr d'être oublié dans sa ville natale, il a pris soin de signer ses tableaux : « Simon, de Châlons en Champagne ».

Malheureusement, de sa vie même nous ne savons rien. Le Chanoine Leydier qui, le premier, révéla l'existence de cet artiste aux Châlonnais, dans le « Journal de la Marne » de 1858, suppose, fort gratuitement, que Simon appartenait à un ordre monastique, mais cette hypothèse ne fait qu'ajouter à nos incertitudes, car d'après elle Simon ne serait pas le nom de famille du peintre, mais un nom pris en religion.

Vous savez que l'on ne peut compter sur les registres de l'État Civil pour nous éclairer, puisque le plus ancien de notre ville, celui de la paroisse Saint-Germain, ne commence qu'à l'année 1566.

Après tout, l'essentiel n'est-il pas que nous puissions encore admirer les œuvres de ce maître ? Car il mérite vraiment ce titre, celui dont Avignon s'enorgueillit de posséder douze tableaux.

Comment cette heureuse fortune a-t-elle échu à la capitale du Comtat Venaissin ? Il est facile de le concevoir. Vous n'ignorez pas qu'Avignon appartenait alors à la papauté et que, dès le XVe siècle, il était devenu un grand marché d'art qui attirait de nombreux peintres. Simon de Châlons suivit l'exemple d'Enguerrand Charonton et de Nicolas Froment. On le trouve établi à Avignon vers 1545. Il y fut élève de Henri Greigo, et paraît avoir beaucoup produit. Des grandes compositions qu'il peignit à l'église St-Pierre en 1563, il ne reste malheureusement rien. Nous savons seulement qu'elles représentaient d'un côté les douze sybilles et de l'autre les douze apôtres, alliant ainsi le catholicisme au paganisme, ce qui n'est pas pour surprendre au siècle de Léon X.

En revanche, nous avons conservé des tableaux de moindre dimension, tous de sujets religieux et de grand intérêt. Pour ceux d'entre vous qui se proposent de parcourir, aux beaux jours, la vallée du Rhône, j'en donnerai la liste.

Au musée d'Avignon : une descente de croix, une adoration des bergers, l'Enfant Jésus jouant avec d'autres enfants. Aux Pénitents gris : la conversion de saint Paul. A l'église Saint-Agricol : deux panneaux. A l'église Saint-Pierre : une nativité. A l'église Saint-Didier : une Descente du Saint-Esprit et un Couronnement d'épines. Le réfectoire du Grand Séminaire et l'église des Baux possèdent aussi des œuvres de Simon. Enfin, je n'aurai garde d'oublier que dans la salle française du XVIe siècle, au musée du Louvre, suprême consécration pour un peintre, est exposée une œuvre de Simon de Châlons : l'Incrédulité de saint Thomas.

Ainsi, voilà donc un des peintres les plus féconds du XVIe siècle, un des très rares qui ait tenu à signer ses tableaux pour rendre hommage à sa patrie, un de ceux qui contribue le plus sûrement au bon renom artistique de notre ville. Eh bien ! interrogez un plan de Châlons, cherchez une rue qui porte le nom de cet artiste. Si vous la trouvez, vous serez plus heureux que moi. Ne dirait-on pas que Châlons n'a pas pardonné à son enfant d'avoir eu la fierté de sa mère ? Simon de Châlons a commis un crime : il a tenté de rendre célèbre le nom d'une ville qui se plaît dans l'oubli et dans l'obscurité.

Ah ! je vous en prie, Mesdames, Mesdemoiselles et Messieurs, si quelque jour vous descendez en Avignon, allez faire visite à Simon de Châlons. Dites-lui : « Toi qui portas si haut et si loin le nom de ta ville natale, toi qui te plaisais à peindre sous d'autres cieux les brebis de notre Champagne, nous t'apportons le salut de ta patrie ingrate. Nous te demandons pardon pour elle. Si, longtemps encore, tu dois attendre ta rue, du moins ton nom sera-t-il gravé dans notre mémoire ».

Mesdames, Mesdemoiselles et Messieurs, je ne voudrais pas que l'on pût, à mon tour, m'accuser d'injustes oublis, mais je m'aperçois que, s'il me fallait vous parler de la vingtaine d'artistes châlonnais dont les noms ont survécu, je devrais vous garder bien au delà de l'heure du dîner. Or si le bonhomme Chrysale disait : « Je vis de bonne soupe et non de beau langage », à plus forte raison pourriez-vous m'objecter que vous préférez un bon potage à une mauvaise conférence. Je me bornerai donc à saluer rapidement au passage la plupart de nos artistes, de façon à pouvoir consacrer un peu plus de temps aux principaux.

Hugues Lallement ?

Ce serait une bien curieuse histoire à conter que celle d'Hugues Lallement.

M. le Baron Chaubry de Troncenord, dans son « Etude historique sur la statuaire au Moyen Age », nous dit que « sous le règne d'Henri, deuxième du nom, vécut à Châlons un artiste en sculpture nommé Hugues Lallement. » Son nom, ajoute-t-il, presque ignoré sous les règnes suivants, est aujourd'hui préservé de l'oubli dont il avait été menacé.

En effet, Lhote, dans sa Biographie châlonnaise, consacra une notice à Hugues Lallement, et Barbat, dans son histoire de Châlons, reproduisit les cheminées que l'on attribuait à ce personnage. Le catalogue du musée de Cluny, édition de 1862, les décrit ainsi :

« Cheminée en pierre, décorée de figures et d'attributs en haut-relief, exécutée par Hugues Lallement, sculpteur français, en 1562. Le sujet principal de la première, le Christ à la fontaine, est entouré de génies et de trophées d'armes, les deux cariatides qui supportent le manteau, portent à leur socle, l'une la date de 1562, l'autre le nom du sculpteur Hugues Lallement. Cette cheminée était placée dans une maison de Châlons-sur-Marne ; elle a été démontée en 1849 pour être transportée à l'Hôtel de Cluny ».

L'autre cheminée, qui provenait, comme la première, d'une maison de la rue de Vaux, dite maison de Gabrielle d'Estrée, presque en face de l'abside de Notre-Dame, — cette seconde cheminée représentait Diane surprise au bain par Actéon.

M. du Sommerard, conservateur du Musée de Cluny, en fit l'acquisition à très bas prix, car déjà l'elginisme sévissait en France, mais comme il s'exerçait au bénéfice de Paris, il n'y avait à se plaindre que les provinciaux, c'est-à-dire que leurs plaintes n'avaient guère chance d'être entendues.

M. le baron Chaubry de Troncenord, tout en regrettant que notre ville fût « privée de ces objets très précieux pour elle », se consolait à la pensée que la réputation de notre compatriote en recevrait un plus grand lustre.

Ah ! que ce lustre était fragile ! et combien peu de lustres il dura ! Deux érudits en ont éteint l'éclat. Je vous livre les noms des coupables. L'un, M. Félix de Montremy, le savant conservateur-adjoint du Musée de Cluny, l'autre, M. Berland, qu'il faut toujours citer lorsqu'on parle d'érudition châlonnaise (1). Ils nous ont prouvé, documents en mains, que le sculpteur Hugues Lallement n'avait jamais existé. Le nom qui se lit sur la cheminée serait simplement celui d'un ancien propriétaire.

Moralité : pour atteindre la gloire, il vaut mieux parfois écrire son nom sur sa cheminée que sculpter une œuvre d'art.

---

(1) Il convient de noter que déjà Grignon, dans l'Annuaire de la Marne de 1888, avait fait les plus expresses réserves sur cette attribution

Jean Moriset, Pierre Lallement

Car ces admirables bas-reliefs que possède le musée de Cluny et dont on peut rapprocher la cheminée du Conseil général, nous ne savons maintenant à qui les attribuer. Est-ce à Jean Moriset qui ne nous est connu que par l'épitaphe que voici, et que vous pourrez lire sur l'une des pierres tombales de la Cathédrale :

« Celui qui de rien feit cette machine ronde
« Qui dispose ça bas des esprits de ce monde,
« Créa Jean Moriset, bon sculpteur le faisant
« Puis reprit son esprit, son corps est ci-gisant.
« Passant ne passe pas sans penser au passage
« Qu'il a passé passant parachevant son âge
« Et Jacquette Maupin qu'il épousa pour femme
« Te prie prier pleurant le Seigneur pour son âme
« Il décéda le 10 octobre 1607 »

Est-ce à Pierre Lallement qui, d'après le dictionnaire de Bénézit, aurait travaillé en 1589 à la Chambre du Parlement de Châlons-sur-Marne ?

Nous ne savons, et peut-être ne le saurons-nous jamais, pas plus que nous ne connaissons les noms des statuaires qui ont peuplé de saints et de chimères nos cathédrales. Sans l'amour de Jacquette Maupin, nous n'aurions plus la moindre souvenance de Jean Moriset, et peut-être cependant est-ce à lui que nous devons tel chapiteau ou telle gargouille qui font notre joie. Tous ces vieux statuaires, il faut les aimer comme ils ont œuvré, collectivement, anonymement. Tout au plus peut-on les rattacher à quelque école, à quelque pays. Beaucoup devaient être châlonnais si l'on en juge par la magnifique floraison d'églises qui s'épanouit sur notre sol.

Une famille d'artistes :
Claude Henriet, Israël Henriet, Israël Silvestre.

Du peintre-verrier Claude-Israël Henriet, nous ne savons pas beaucoup plus.

Travailla-t-il aux vitraux de Saint-Alpin, de la Cathédrale et de Notre-Dame ? On l'a supposé, à tort semble-t-il. (1)

Son nom même nous serait inconnu s'il n'avait pris soin, tout comme Simon de Châlons, de proclamer son origine. En effet, dans les comptes aujourd'hui conservés aux archives départementales de Meurthe-et-Moselle, il figure tantôt sous le nom de Claude Henriet, tantôt sous celui de Claude de Châlons. Il était premier peintre de son Altesse Charles III, duc de Lorraine, qui l'avait fait venir à sa cour en 1586 et lui accordait deux cents livres de pension annuelle. A Nancy, il peint des portraits, dessine des cartes, et surtout il donne des leçons, et parmi ses élèves, l'un deviendra illustre : Jacques Callot.

Son propre fils, Israël Henriet, dit Israël, peintre, graveur et éditeur, fut le maître de dessin de Louis XIV et c'est lui qui édita les fameuses gravures de Callot.

Son petit-fils, Israël Silvestre, dessinateur et graveur, continua l'œuvre de Callot et fut choisi comme maître de dessin de Monseigneur, dauphin de France. Cette charge de professeur des enfants de France échut souvent d'ailleurs, pendant deux siècles, à la dynastie artistique fondée par Claude-Israël Henriet. C'est ainsi que l'assumèrent successivement Charles-François de Silvestre (anobli en 1741), Nicolas-Charles de Silvestre, et Jacques-Augustin de Silvestre.

Pour revenir à Claude-Israël Henriet, on lui attribue plusieurs vitraux de l'église Saint-Etienne-du-Mont à Paris et un

---

(1) G.-Louis Grignon. Recherches sur les artistes châlonnais. Châlons 1889.

tableau : « David vainqueur de Goliath », qui est au musée de Reims.

Je n'ai pas besoin d'ajouter que, si le nom d'Henriet a été donné à une rue de Châlons, ce n'est pas en l'honneur de notre peintre.

Claude de Chastillon

Parmi les artistes nés à Châlons, les plus nombreux furent les graveurs. Le premier en date, et non le moins célèbre, est Claude de Chastillon, né en 1560. Il eut de bonne heure le goût des voyages, et, comme son escarcelle n'était guère garnie, ses parents trouvèrent que ses pérégrinations ressemblaient trop à du vagabondage. Ils le tancèrent, tant et si bien que le jeune Claude partit encore, mais ne revint plus.

Il trouva une place chez un architecte-ingénieur qui l'envoya en tournée. Ce fut le commencement de sa fortune. Combien celle-ci fut heureuse, son épitaphe, conservée à l'église Notre-Dame, vous le dira mieux que moi :

« Conseiller du roy et son ingénieur en ses camps et armées et les provinces de Champagne et Brie, Toul, Verdun et pays messin, il fut dit-elle, chéri des grands, admiré des doctes, honoré des siens, aimé de tous, affable en conversation, entier en fidélité, excellent en toute vertu » !

Vous remarquerez, Mesdames, Mesdemoiselles et Messieurs, que cette épitaphe qui loue tellement l'ingénieur et l'homme privé, ne dit pas un mot de l'artiste. A tel point qu'Amédée Lhote s'y trompa d'abord et crut qu'il s'agissait d'un autre personnage. Non, nous sommes bien en présence de l'auteur de la Topographie française, mais ne l'oublions pas, l'épitaphe a été composée à Châlons, ville qui, pour rien au monde ne voudrait avouer qu'elle a donné naissance à un artiste.

Ceci vous explique aussi pourquoi notre ville compte une rue de Chastillon. Il n'y était connu que par son épitaphe. La municipalité d'alors ne s'est pas méfiée. Pardonnez-lui, c'est bien sans le vouloir qu'elle a honoré un artiste.

Car il mérite ce nom, le premier de nos graveurs, le Châlonnais dont le burin fécond nous présente la première vue de Châlons en Champagne, près de trente aspects de notre province, et plus de trois cents vues de châteaux, de villes et de batailles.

Je sais qu'on lui a reproché son manque de perspective, mais il pourrait nous répondre qu'il ne fit que devancer beaucoup de nos peintres contemporains. En revanche, ce que les critiques s'accordent à reconnaître à ses dessins, c'est la finesse et l'exactitude minutieuse.

Vous savez que Claude de Chastillon, nommé topographe du roi en 1589, fut chargé par Henri IV de diriger les travaux d'achèvement du Pont-Neuf. Vous savez qu'il dessina le plan de plusieurs places parisiennes, notamment de la place Dauphine, et que c'est à lui aussi qu'est dû le plan de l'hôpital Saint-Louis. Mais vous ignorez peut-être que la plupart de ses estampes sont signées « Claude Chastillon, Châlonnais ». Ne trouvez-vous pas admirable ce témoignage rendu par nos premiers artistes à leur ville natale qui ne semble pas, d'ailleurs, s'en être émue beaucoup ?

Edme Moreau, Hugues Picart, Jehan Poinsard.

La gloire de Claude de Chastillon lui fit naître des émules à Châlons. Quand on cite les noms d'Edme Moreau, d'Hugues Picard et de Jehan Poinsard, on est fondé à dire qu'il y eut alors une école de graveurs châlonnais.

Edme Moreau était le neveu de Claude de Chastillon. Né à Châlons sur la paroisse Saint-Nicolas, il quitta cette ville pour se fixer à Reims, mais il n'oublia pas notre cité et, lui aussi, il signa ses œuvres « Edme Moreau, Châlonnais ». Il était graveur en taille-douce et architecte.

De son contemporain, Hugues Picart, il nous reste peu de gravures, mais l'une est précieuse entre toutes. C'est une vue de Châlons dont une réduction a été vulgarisée par Adolphe Varin.

Ecoutez en quels termes Hugues Picart présentait à Messieurs du conseil de la Ville de Châlons cette « profille au naturel de la florissante et belle Ville de Chaalons en Champagne, prise du côté du midy » :

« Messieurs, voicy ce que mes veilles ont sceu mesnager, c'est un tableau de la Ville de Chaalons que je vous offre. Il est en raccourcy. Toutefois il ne laisse de la représenter en son entier. Ainsi le corps du soleil se remarque en une goutte d'eau ; ainsi Elysée forma sur une tuille la cité de Samarie. Que si ce petit œuvre ne mérite votre accueil, au moins recevez-le pour l'amour de vous-mêmes ; mon intention n'est que plausible, n'ayant pour objet que l'honneur de ma patrie et pour fin qu'un zèle de vous servir. »

Vous verrez cette gravure au musée et vous reconnaitrez la Ville, toute hérissée de clochers et ceinte de murs, plus pittoresque certes qu'aujourd'hui, mais déjà belle aux yeux de ses enfants.

De Jean Poinsard, il ne nous reste que quatre gravures, mais il convient que nous le revendiquions pour châlonnais, car, à la faveur de notre silence, Paris tente de se l'approprier, alors qu'il est né à Châlons, probablement sur la paroisse Notre-Dame.

XVIIe SIECLE

Claude Aubriet, miniaturiste.

La première moitié du XVIIe siècle ne vit pas naître d'artistes à Châlons, mais en 1665 vint au monde Claude Aubriet, qui travailla aux vélins du Museum dont vous avez pu voir récemment à Paris une très intéressante exposition.

Vous savez que c'est sur l'ordre de Gaston d'Orléans, frère de Louis XIII, que Robert, le peintre de la fameuse Guirlande de Julie, reproduisit sur vélin les plus curieux spécimens du Jardin des Plantes de Blois. Le roi Louis XIV, ayant hérité de cette collection de dessins, chargea Joubert, puis Aubriet, de la continuer. Elle est aujourd'hui déposée au Museum d'histoire naturelle où elle constitue un ensemble incomparable.

Claude Aubriet, nommé d'abord dessinateur du Jardin du roi, accompagna en cette qualité Tournefort dans le Levant, et c'est à son retour qu'il remplaça Jean Joubert à qui il est d'ailleurs de beaucoup supérieur.

Qu'il peigne des plantes, des fleurs, des papillons, des oiseaux ou des poissons, il se fait toujours remarquer par ses qualités de minutie et d'exactitude. Il avait acquis, à l'école de Tournefort, une telle science botanique que Linné laisse entendre qu'il préfère l'élève au maître.

On peut considérer Aubriet comme le premier des miniaturistes châlonnais dont le nom nous soit connu. Vous savez que, parmi les beaux-arts, celui de la miniature a été cultivé dans notre ville avec un rare bonheur. Sans parler, en effet, des enlumineurs qui ont orné avec tant de soin livres d'heures et manuscrits, j'aurai tout à l'heure à vous signaler les mérites de Nicolas Martinet et de Maxime David. Si même je ne m'interdisais, dans cette causerie, de nommer les vivants pour ne pas froisser leur modestie, vous savez tous quel nom je devrais ajouter à cette liste. Tous ceux qui ont visité la récente exposition des Beaux-Arts ont admiré les petits chefs-d'œuvres (petits seulement par leur dimension) de cette artiste de grand talent qui continue dignement la tradition de nos miniaturistes.

XVIIIe SIECLE

Le Chevalier de Latouche

Le chevalier Jacques-Ignace de Latouche est celui de nos artistes châlonnais qui a été le plus favorisé par sa ville natale. Non seulement la rue qu'il habitait a pris son nom, mais trois notices lui ont été consacrées par MM. Charles Perrier, Armand Bourgeois et Edouard de Barthélemy.

Ne nous hâtons pas trop de crier au miracle. Si le chevalier de Latouche a forcé l'attention de ses compatriotes, c'est bien moins comme peintre que comme littérateur. Il a laissé en effet d'assez nombreuses œuvres littéraires, presque toutes d'inspiration religieuse, telles que le « Philosophe Chrétien », la « Retraite d'un pénitent », « la Consolation chrétienne », les « Etrennes du temps et le Saint-Usage que les chrétiens en doivent faire ».

Vous voyez, par les titres mêmes, que ces œuvres se rattachent bien plus au XVIIe siècle qu'au XVIIIe. On peut en dire autant de sa peinture. Ni par le sujet ni par la manière, elle ne rappelle Watteau ou Boucher. Une seule fois Latouche essaya de peindre une « Feste de Bacchus en l'Isle de Naxe par les pélerins de Cytère », mais il ne savait pas rendre l'abandon et la volupté.

Il nous apparait comme en retard d'un siècle sur ses contemporains. Aussi ne connut-il pas la grande vogue, malgré sa science du dessin et de la composition, malgré son goût et son sentiment de la lumière dont témoignent les deux pastels que possède le musée municipal : « Château de cartes » et « Bulles de savon ». Vous pourrez aussi voir au musée son buste moulé d'après nature par son élève Charles-Nicolas Varin.

En effet, le mérite de Latouche fut non seulement de produire des œuvres dignes d'admiration, mais de former aussi d'excellents élèves, parmi lesquels je citerai Chedel et Varin.

Chedel

Pierre-Quentin Chedel naquit à Châlons, le 14 novembre 1705, sur la paroisse Notre-Dame. Il étudia d'abord au Collège de sa ville natale et reçut, comme nous venons de le voir, de La Touche les premières notions de dessin. Puis il prit à Paris des leçons de Le Moine, premier peintre du roi, et de l'excellent graveur Laurent Cars. Lui-même se consacra bientôt tout entier à la gravure et il excella dans ce genre.

Adolphe Varin a dressé le catalogue des œuvres principales de Chedel. On en compte plus de 400, et il faut y ajouter de nombreuses, et presque innombrables, illustrations d'ouvrages, dont la plus grande partie est entrée dans cette Bibliothèque grâce à la collection Hanra.

Chedel aimait surtout les petits sujets : qu'il représente des paysages, des scènes militaires, ou exotiques, ou grotesques, on voit se mouvoir dans ses compositions une fourmilière de petits personnages dessinés par un burin spirituel et fin.

Oudry, le célèbre illustrateur des Fables de La Fontaine, lui confia une partie de ses œuvres à graver. Il collabora aussi avec Boucher dont il était l'ami. Peut-être même retoucha-t-il les gravures de la marquise de Pompadour, à qui il sera beaucoup pardonné, car elle a beaucoup aimé les arts. Chedel lui dédia plusieurs de ses œuvres.

Au XVIIIe siècle, le graveur Gaucher appréciait ainsi les vignettes de notre compatriote :

« Il réussit parfaitement dans ce genre, ses compositions sont pleines de feu et d'invention et touchées avec tout l'esprit et le goût possible. »

Quant à sa vie, je ne saurais mieux vous la résumer que par cette note du chanoine Beschefer, écrite au bas de la description de l'entrée de Mgr Leclerc de Juigné à Châlons :

« Dès son enfance, Chedel fit paraître d'heureuses dispositions pour les sciences et une forte passion pour le dessin. Il a fait honneur à sa patrie pour la facilité, la simplicité, l'intégrité de ses mœurs, qui rehaussèrent et la fécondité de son génie et la promptitude de son exécution, attestée par le nombre étonnant d'ouvrages qu'il a inventé, dessiné et gravé. Après avoir passé trente sept ans à Paris, il est revenu dans sa patrie en 1762, où il est mort le 1er juin 1763, âgé de 58 ans.

Mesdames, Mesdemoiselles, Messieurs, je ne sais pas si vous connaissez tous la rue Grande-Etape. C'est l'une des plus curieuses de Châlons. Elle s'orne de vieux hôtels remarquables, mais ce n'est point d'eux que je veux vous parler, ni des trottoirs qui vont tantôt d'un côté, tantôt de l'autre, forçant tous les passants à zigzaguer comme des ivrognes. Non, je veux simplement vous demander de jeter un coup d'œil sur la partie la plus étroite de cette rue, qui est aussi la plus mal pavée et celle où trop de maisons ressemblent à des taudis. Là débouche l'impasse Chedel. Ou plutôt elle ne débouche pas. Je vais vous expliquer pourquoi.

C'était déjà une idée hautement symbolique de donner le nom de Chedel à une impasse. Cela voulait dire : « Jeunes Châlonnais que tourmente le démon de l'art, méfiez-vous. L'art, à Châlons, conduit à une impasse. » Mais on a fait mieux. Alors que, d'après le dictionnaire, une impasse est une rue sans issue, l'impasse Chedel n'a pas plus d'entrée que d'issue. Elle est close par une vieille porte sous laquelle il ne passe le jour que de l'eau de savon et la nuit que des rats d'égout. Chedel, qui aimait les petits personnages, doit être content.

Les Varin, dessinateurs et graveurs, au XVIIIe et au XIXe Siècle

La rue Varin, sans compter parmi les plus belles de Châlons, n'est pas sans charme. Je crois me souvenir qu'aux beaux jours les lilas et les sureaux de la Préfecture y versent leurs parfums. Comment expliquer qu'on l'ait consacrée à un artiste ? C'est qu'il ne s'agit pas seulement d'un artiste, mais de un, deux, trois, quatre, cinq, six artistes du nom de Varin. La municipalité châlonnaise d'alors (1870) a dû prendre ses balances et se dire : « Six artistes ensemble, cela pèse presque aussi lourd qu'un préfet. Il y a la rue de Jessaint d'un côté, mettons la rue Varin de l'autre. »

Nos premiers registres de l'état civil signalent des Varin à Châlons dès 1565. Ils semblent y être venus de Liège et s'apparenter à Jean Varin qui, d'après Voltaire, tira de la médiocrité l'art du graveur en médailles.

Quoiqu'il en soit, le premier artiste de cette famille qui soit né à Châlons, est Jean-Baptiste Varin (1714-1795). Marchand potier d'étain et graveur sur métaux, il ouvrit en 1755 une école gratuite de dessin, l'ancêtre de notre école actuelle.

Ses meilleurs élèves furent ses fils, Joseph et Nicolas.

Les deux frères, nés : Joseph en 1740, Charles-Nicolas en 1741, étudièrent les procédés de la gravure à l'eau-forte, non seulement à l'école de leur père, mais aussi à celles du chevalier de La Touche et de Chedel. Puis, en 1760, munis de bonnes recommandations, ils allèrent à Paris. Joseph, après quelques essais de gravures imitant la manière du crayon, se spécialisa dans la gravure d'architecture, de géographie et de topographie. Charles-Nicolas préférait les paysages et les sujets à personnages.

Les deux frères collaborèrent d'ailleurs fréquemment et c'est à cette collaboration que l'on doit une vue de la façade de l'ancien Hôtel de Ville de Châlons que vous pourrez admirer au Musée.

La Révolution les réduisit à un état voisin de la misère. Joseph Varin mourut à Paris le 7 Novembre 1800. Charles-Nicolas était revenu à Châlons en 1795. Il fut le premier conservateur et l'organisateur de notre Musée.

Il possédait lui-même une très riche collection d'objets d'art, notamment plus de 300 dessins de Cochin, Boucher, Fragonard, Salvator Rosa, Oudry, Coypel, Moreau, Eisen, Saint-Aubin, Gravelot, etc.

Cette collection fut vendue à Châlons le 20 Juillet 1812 après la mort de l'artiste. La ville aurait pu l'acquérir à bon compte. Elle n'y songea pas. Elle fit l'économie de quelques mille francs, mais elle perdit plusieurs millions, car il ne serait pas possible de réunir aujourd'hui un tel ensemble à moindre prix.

Si vous voulez bien vous rappeler que, quelques années plus tard, avec la collection Cazotte, Châlons laissa échapper semblable occasion, c'est-à-dire celle d'avoir un Musée qui compte parmi les premiers du monde, vous reconnaîtrez qu'une ville est parfois punie de se désintéresser des Beaux-Arts.

Charles-Nicolas Varin eût aimé que son fils unique, Joseph, dit Joseph le jeune pour le distinguer de son oncle, dessinât. Mais on était alors à l'époque des grandes guerres napoléoniennes. Joseph s'engagea dans un régiment de pupilles de la garde. A Waterloo, une balle lui traversa la poitrine. Soigné à Bruxelles, il fut ensuite emmené prisonnier en Angleterre. Après la paix, il travailla à Paris, puis fut nommé professeur de dessin à l'École d'arts-et-métiers, au collège et à l'école communale de Châlons. La violence de ses opinions bonapartistes lui fit perdre successivement toutes ses places. Dès lors, il se consacra à la gravure et exécuta notamment beaucoup de dessins d'après l'antique.

Ses quatre enfants furent graveurs tous les quatre. Deux seulement sont nés à Châlons : Adolphe et Amédée.

Celui-ci, né le 21 Septembre 1818, suivit à Paris les cours des graveurs Geoffroy et Rouargue. Pour gagner sa vie, il faisait des dessins d'histoire naturelle à 5 francs par jour, ce qui représentait une fortune pour l'époque. Puis, en collaboration avec son frère Adolphe, il entreprit un grand recueil de 72 planches : l'Art industriel. Il voyagea, et ses croquis de voyage illustrèrent les guides de la Maison Hachette. C'est lui aussi qui interpréta sur acier les « Fleurs animées », de Granville.

Non satisfait de ces travaux de librairie, il entreprit de graver de larges planches d'après les tableaux et il obtint grâce à elles les plus hautes récompenses au Salon. Vous pourrez en admirer quelques-unes au Musée, qui furent données par l'artiste lui-même. Pour la plupart, il fut aidé par son frère Eugène, né à Epernay.

Amédée Varin est mort le 26 Octobre 1883, à Crouttes, petit village des environs de Château-Thierry, où il vivait depuis plus de vingt ans. C'est là que devait mourir aussi, le 21 Septembre 1896, son frère Adolphe.

Plusieurs de vous l'ont connu et pourraient mieux que moi retracer sa silhouette et vanter ses mérites personnels. Comme graveur, si l'on met à part les pièces innombrables qu'il exécuta pour l'imagerie religieuse et des catalogues de commerce, Adolphe Varin est surtout connu comme portraitiste. C'est à lui notamment que l'on doit les portraits qui illustrent la biographie châlonnaise de Lhote. Il était, comme son frère Amédée, hors concours au Salon. Son dessin est correct et précis, mais un peu froid.

Vous pourrez d'ailleurs vous rendre compte des mérites divers des Varin en consultant leur œuvre gravé que la Bibliothèque municipale possède maintenant au complet depuis l'acquisition de la très importante collection Hanra.

Quels artistes châlonnais continueront d'enrichir notre cabinet de gravures ? Je ne veux pas le dire, mais je sais que plusieurs ont déjà acquis une réelle maitrise, soit à l'eau-forte, soit sur bois. L'art des Moreau, des Chedel, des Varin, est en bonnes mains.

Les peintres Leblanc et Liénard

Mesdames, Mesdemoiselles et Messieurs, ceux d'entre vous qui ont visité la récente exposition des Beaux-Arts ont pu constater que la peinture compte actuellement à Châlons de nombreux fervents. Plus de vingt peintres, nés ou habitant dans notre ville, figurent au catalogue, les uns aquarellistes, les autres pastellistes, ceux-là préférant la gouache et ceux-ci la peinture à l'huile, tous œuvrant avec sincérité, presque tous avec talent, certains que je ne nomme pas, mais, que vous reconnaitrez, avec une incontestable maîtrise qui force l'admiration.

Eh bien ! Mesdames, Mesdemoiselles et Messieurs, nous devons d'autant plus nous réjouir de ce triomphe de la peinture dans notre ville qu'il est sans précédent. Alors que Châlons peut s'enorgueillir de toute une lignée de graveurs et de miniaturistes remarquables, elle ne peut citer jusqu'au XIXe siècle, pour la peinture proprement dite, que deux noms, qui brillent d'un assez faible éclat : Leblanc et Liénard.

A Leblanc, né en 1758, on doit les grisailles qui ornent le grand salon et l'escalier de l'Hôtel de Ville. Il eut aussi le mérite de fixer, par des aquarelles et des sépias que possède la Bibliothèque, l'aspect de plusieurs monuments de Châlons aujourd'hui disparus.

Lienard, à vrai dire, n'est pas né à Châlons, mais il se fixa de bonne heure dans notre ville et y acquit bientôt droit de cité par son talent. On lui doit plusieurs portraits officiels, assez froids comme tout ce qui est officiel, et de nombreuses restaurations de verrières.

Sa fille, dont vous pourrez voir au Musée quelques vitraux, mérite surtout notre reconnaissance par le don d'une œuvre de premier ordre : « Le Triomphe de David », lavis signé de Nicolas Poussin.

Les portraitistes Richon, Nicolas Martinet et Maxime David

Le premier en dâte de nos miniaturistes après Claude Aubriet, est Hubert-Jean-Baptiste Richon. Né en 1770, il ne se consacra pas d'ailleurs uniquement à la miniature et semble même lui avoir préféré les portraits à la plume. C'est ainsi qu'il exécuta ceux de Henri IV et de Charles X.

Nicolas Martinet, de quatorze ans plus jeune, n'eut qu'une gloire locale. On cite de lui les portraits de Mgr. de Prilly et du baron de Jessaint, mais beaucoup d'autres doivent être conservés dans les souvenirs de famille, et je songe à la charmante évocation du passé que constituerait une exposition de ses œuvres.

Maxime David, au contraire, 1798-1870, connut la grande vogue. Il fut le portraitiste à la mode. Abd-el-Kader posa devant lui pour trois portraits différents. Il eut aussi l'honneur de fixer les traits du roi Louis-Philippe. A l'exposition universelle de 1855, il n'exposa pas moins de trente miniatures. De son talent, vous pourrez juger par le beau portrait du général Hurault de Sorbée, qu'il légua à sa ville natale.

Elève de Mme de Mirbel, il obtint les plus hautes récompenses au Salon et fut décoré de la Légion d'honneur dans un temps où une épidémie de rougeole n'atteignait pas périodiquement les boutonnières. Ses œuvres sont très recherchées des amateurs pour leur finesse et leur fraicheur.

Jean-Baptiste Barbat et Saingy

Vous ne me pardonneriez pas de ne pas nommer au moins Jean-Baptiste Barbat qui sut élever la lithographie jusqu'à l'art. Les planches de son Histoire de Châlons en témoignent ainsi que ses Evangiles et son Livre d'heures. Il a, lui aussi, de dignes continuateurs, et ce m'est une occasion de saluer au passage les Industries d'art de notre ville, qu'elles s'occupent de papiers peints ou d'affiches. Vous me permettrez d'en rapprocher les métiers d'art, tels que la reliure qu'illustra naguère M. Saingy, la ferronnerie et l'ébénisterie, et je n'aurai garde d'oublier nos peintres sur porcelaine, non plus que ceux qui travaillent avec tant d'habileté le cuir ou l'étain repoussé.

Les Navlet, peintres et sculpteurs

La famille Navlet renouvela le miracle des Varin. Elle peut s'enorgueillir d'avoir produit au XIXe siècle deux peintres et un sculpteur.

L'un d'eux, Victor Navlet, 1819-1886, fut un peintre de perspective de premier ordre. Vous pourrez vous en convaincre au Musée municipal, qui a la bonne fortune de posséder une dizaine de tableaux de cet artiste dont quelques uns, tel que « la Salle Constantin au Vatican », sont tout à fait remarquables. Vous verrez également des œuvres de Victor Navlet aux Musées de Bordeaux et de Montauban. L'Etat lui acheta en 1885 pour le musée de Versailles une vue de Paris à vol d'oiseau. Ce dernier travail, exécuté d'après des relevés pris sur place, exigea du peintre plusieurs années. Ses nombreuses maquettes furent achetées par la Ville de Paris, elles figurent aujourd'hui au musée Carnavalet.

Victor Navlet était l'aîné d'une famille de quinze enfants. Son père Jean-Baptiste, professait le dessin à Châlons, ce qui n'est pas la plus sûre façon de s'enrichir. Victor Navlet vécut pauvre, mais fier. Ne sollicitant ni bourse, ni subvention, il trouvait le moyen de prélever sur ses gains pour aider son père à élever sa nombreuse famille. Ai-je besoin d'ajouter que, sous notre république athénienne, il mourut à l'hôpital ?

Son frère, Joseph Navlet, débuta au salon de 1848. Il a peint surtout des tableaux d'histoire. Vous en verrez un petit au Musée, représentant le Pont de Marne, en 1814. Le Musée de Pontoise possède aussi de lui un dessin à la plume : « Mort du duc d'Enghien ».

Gustave Navlet, d'une dizaine d'années plus jeune que ses deux frères, se consacra à la sculpture, mais il dut d'abord, pour vivre, travailler du métier de vannier. Ce n'est qu'en 1863, lorsque le Conseil municipal lui eut accordé une subvention de 100 francs par an, que Gustave Navlet, qui, depuis longtemps déjà, s'essayait au modelage, devint élève de Bonassieux.

Le Musée municipal possède la plupart de ses plâtres, mais ce qui a le plus de chance de faire durer son nom, c'est la décoration de certaines caves à champagne. Son bas-relief des caves Pommery, le champagne au XVIIIe siècle, a été souvent reproduit. Il sculpta de même, dans la craie, d'autres bas-reliefs aux caves Mercier d'Epernay, et à Châlons même, dans les caves Jacquesson, des Bacchus et des Silènes.

Comme la famille Navlet n'a donné que trois artistes à Châlons vous chercheriez en vain ce nom sur une de nos rues. Quand ils seront six, peut-être....

Eugène Moulin

Du sculpteur Eugène Moulin, il y a hélas ! peu à dire si ce n'est que déjà médaillé au Salon, il semblait promis au plus brillant avenir quand la guerre stupide le tua. Châlons, qui avait encouragé ses débuts, conserve pieusement ses principales œuvres : le « Soir », l' « Hiver » et le « Forgeron ».

Adolphe Willette

Mesdames, Mesdemoiselles, Messieurs, vous avez tous entendu parler de Willette. Mieux, vous avez tous vu quelques-uns de ses dessins, mais plusieurs d'entre vous ignorent peut-être qu'Adolphe Willette est né à Châlons-sur-Marne, en 1857.

On a dit, on a écrit que c'était le hasard qui l'avait fait naître à Châlons, comme si l'on choisissait le lieu de sa naissance ; comme si les fils de fonctionnaires, d'officiers, les fils de tous les errants de la vie, n'avaient pas droit à une terre natale. Que Paris en fasse son deuil : Willette est des nôtres !

Je sais bien qu'il quitta notre ville de bonne heure, dès l'âge de deux ans. Mais c'est ici que ses yeux se sont ouverts pour la première fois à la beauté, c'est ici qu'il a fait ses premiers pas, c'est notre ciel qui vit ses premiers sourires. Avant d'admettre que Willette ne doit rien à Châlons, je veux que l'on me prouve que les impressions de la première enfance sont sans influence sur le développement de notre âme, surtout sur le développement d'une âme d'artiste. Vous savez que Descartes confesse qu'il eut toute sa vie un penchant pour les femmes qui louchent parce que sa nourrice louchait. Eh bien ! je dirais volontiers que si Willette fut le peintre des femmes aux gorges rebondies, c'est que sa nourrice châlonnaise n'avait pas une poitrine plate.

Nous ne suivrons pas Willette à Dijon ni en Allemagne, où son père le colonel Willette, aide de camp de Bazaine, fut retenu en captivité après Sedan. C'est à Cassel cependant que Willette prit ses premières leçons de dessin et il faut reconnaître qu'il garda moins mauvais souvenir de cette captivité que de celle du collège.

En 1873, il est, à l'école des Beaux-Arts, élève de Cabanel qui l'a représenté sous le costume du duc d'Anjou, dans la fresque de « Saint-Louis en Egypte » qui décore le Panthéon. L'enseignement officiel ne convenait pas d'ailleurs à sa nature primesautière ni à son esprit malicieux. Plutôt que de l'école des Beaux-Arts, il fut de l'école du « Chat noir ».

Vous connaissez tous, pour en avoir vu au moins des reproductions le « *Parce Domine* » qu'il peignit pour ce cabaret. Sans doute est-ce son œuvre maîtresse, mais elle ne doit pas nous faire oublier les nombreuses décorations dont il orna aussi bien des auberges que l'Hôtel de Ville de Paris.

Toutefois ce qui établit la réputation de Willette, ce qui propagea son nom aux quatre coins de l'univers, plus que ses peintures, ce sont ses dessins. Les journaux illustrés auxquels il collabora sont trop nombreux pour que je puisse les énumérer. Je me bornerai à citer : le *Chat noir*, le *Courrier français*, l'*Assiette au beurre* et le *Rire*. En 1888, Willette avait lui-même fondé et édité le *Pierrot*. C'est également sous le titre de « feu Pierrot » qu'il commença de publier ses mémoires. On y trouve autant de fantaisie que dans sa vie elle-même.

Willette aimait la farce et le déguisement. On le vit apparaître sous les aspects les plus inattendus : torero, carabinier, doge ou sergent de ville. « En wagon, nous conte Georges Auriol, lorsque son faciès rasé s'y prêtait, il sortait subrepticement de sa poche une barrette sacerdotale, noire ou violette, et se la campait sur l'oreille pour lire, à la stupeur de ses compagnons de voyages, un journal anarchiste. »

Ne nous étonnons donc pas qu'il fût un des animateurs

des « Vachalcades » de la République de Montmartre dont il fut élu président. La mission de Willette, comme celle du champagne, a été de verser la gaieté aux hommes : il n'y manqua pas.

A sa mort, l'an passé, la peine de sa ville natale fut certainement très vive, mais elle fut aussi discrète, sans doute parce que le proverbe dit : « Les grandes douleurs sont muettes ».

J'ai lu dans les journaux que l'on songeait à baptiser une rue du nom de Willette, mais, tranquillisez-vous, c'est à Paris.

Oh ! je sais bien que Willette ne fut pas toujours tendre pour Châlons, je sais qu'il l'appela parfois Cochons-sur-Marne. Et j'ai longtemps cherché la cause de ce ressentiment contre sa ville natale. Je crois avoir trouvé : Willette est venu revoir la maison de ses premiers ans : elle fait face à l'impasse Chedel.

Ernest Dagonet

Mesdames, Mesdemoiselles et Messieurs, il me reste à vous parler d'un artiste qui est le plus proche de nous par le temps et je puis dire aussi par le cœur, car tous ceux qui ont connu Ernest Dagonet l'ont aimé. Tous, nous vénérions en lui le grand statuaire et l'homme de bien. Vous connaissez son affabilité, son exquise simplicité, sa modestie, son courage, son dévouement à la cité. Je ne vous retracerai pas son rôle pendant la guerre, car il ne s'effacera jamais de nos mémoires. Laissez-moi simplement vous dire quelques mots de l'artiste.

On ne se douterait jamais, devant son œuvre, qu'il vint à la sculpture par hasard. Et cependant c'est à la peinture qu'Ernest Dagonet se destinait, quand il entra à l'atelier de Jean-Paul Laurens. Elle fut toute sa vie son violon d'Ingres. Et mieux certes, car les aquarelles et les pochades que vous avez pu voir à la récente rétrospective ne sont pas d'un amateur, mais d'un peintre de grand talent.

Comment vint-il à la sculpture ? Ce fut sur le conseil du sculpteur Augustin Moreau-Vauthier qui, de bonne heure, reconnut ses dons exceptionnels. Le jeune peintre quitta l'atelier de Jean Paul Laurens pour ceux de Fremiet et de Moreau-Vauthier qui devait devenir son beau-père.

Je ne dresserai pas la liste de ses œuvres, je me borne à vous renvoyer à l'article très documenté de Mlle Maillet, notre critique d'art, qui s'attache à nous montrer que la compétence n'attend pas le nombre des années.

Mais, conservateur du Musée municipal, je ne saurais taire qu'Ernest Dagonet a donné à ce musée les plâtres originaux de ses principales œuvres.

Vous verrez dans notre salle de sculpture, le puissant « Age de pierre », l'émouvant « Tombeau de deux enfants », la « Marseillaise », moins violente que celle de Rude, mais qui mériterait pareillement de devenir populaire. Vous y verrez surtout le « Paradis perdu », le chef-d'œuvre de l'artiste, plus : un chef-d'œuvre tout simplement, devant lequel il n'y a qu'à admirer. Vous savez qu'une réplique en marbre se trouve au Musée du Luxembourg. Tout récemment, les conservateurs procédèrent à un tri des œuvres d'art. Ils exilèrent les moins bonnes vers la province, naturellement ! Ils ne gardèrent que les plus représentatives, celles qui méritent d'entrer au Louvre. Ils ont gardé l' « Eve du Paradis perdu ».

Vous verrez encore au Musée le plâtre de la « Nuit ». Le marbre est au Sénat où, chose curieuse, il porte le nom d' « Aurore ». (Si nos sénateurs prennent la Nuit pour l'Aurore, ne nous étonnons pas que nos lois soient parfois obscures).

Parmi les œuvres d'Ernest Dagonet qui embellissent notre ville, je citerai encore : la « Patria resurgens » qui déploie son drapeau derrière le buste du président Carnot et le bas-relief de ce monument. Vous pourrez voir aussi au collège un médaillon de Perrot-d'Ablancourt et, à Saint-Memmie, le tympan de l'église. Dans les environs, le monument aux morts de Cheppes-la-Prairie et, à Vitry-le-François, le monument Carnot.

Lors de l'exposition des Beaux-Arts, vous avez pu vous rendre compte de la richesse et de la diversité de cette œuvre. Par elle, Ernest Dagonet se place, auprès de Saint-Marceaux et de Paul Dubois, au premier rang de nos statuaires champenois.

Vous savez quelle cruelle maladie nous priva du monument que la piété d'Ernest Dagonet devait élever à ses compatriotes tués à l'ennemi. Avec quelle ferveur, il l'eût sculpté, vous le devinez, vous qui fûtes témoins, aux heures difficiles, de son amour pour sa petite patrie.

Conclusion

Mesdames, Mesdemoiselles, Messieurs, j'ai fini. Sans doute ai-je encore tu trop de noms, mais déjà ceux que j'ai cités suffisent à la gloire d'une ville. Eh bien ! je vous demande, Châlonnais, de n'avoir pas honte de vos gloires. Châlons n'est pas en Béotie ; ne laissez pas croire que vous le regrettez. Je vous assure qu'il n'est pas déshonorant pour votre ville d'avoir enfanté tant d'artistes.

Vous me pardonnerez, Mesdames, Mesdemoiselles, Messieurs, de vous adresser ces reproches. Si vous me demandez de quel droit, je vous répondrai que, Conservateur du Musée, il me semble que je n'ai pas seulement la charge de conserver des tableaux et des statues, mais celle aussi de veiller à la gloire des artistes qui les ont peints ou sculptées.

Je sais le respect que l'on doit aux noms anciens des rues, je sais les droits des hommes politiques et des généraux, je ne songe à déposséder personne, mais de temps à autre il s'ouvre à Châlons quelque rue nouvelle. On est parfois fort embarrassé pour la baptiser. Au lieu d'aller chercher des noms jusqu'à Constantine ou Alger, ne pourrait-on se souvenir des artistes qui honorent notre ville ?

C'est une sorte de memento que j'ai dressé ce soir. Je le dédie à notre municipalité, soucieuse à juste titre du bon renom de la cité. Si, quelque jour, elle place une rue nouvelle sous le patronage d'un artiste, je suis persuadé, Mesdames, Mesdemoiselles, Messieurs, que vous ne le lui reprocherez pas (1). La bienveillance avec laquelle vous m'avez écouté, et dont je vous remercie, m'en donne la certitude.

Henri VENDEL

---

(1) Le Conseil municipal, dans sa séance du 14 mars 1927 a décidé de donner le nom d'Ernest Dagonet à la nouvelle rue qui reliera la rue de la Vinaigrerie à la rue Jean-Jaurès. Qu'il nous soit permis de le remercier ici publiquement.

5795 — CHALONS, IMP. DE L'UNION RÉPUBL.

www.ingramcontent.com/pod-product-compliance
Lightning Source LLC
LaVergne TN
LVHW021642170726
843501LV00007B/2375

* 9 7 8 2 3 2 9 6 5 2 7 9 5 *